AF610824

Tra Cielo e Mare

Concerto posato dal Cielo...

Meluccia Stella

Lulu Press
3101 Hillsborough St.
Raleigh, NC 27607 | U.S.A.

ISBN: 978-1-291-69240-2
Info: www.irdaedizioni.com
www.lulu.com

Copertina: realizzata da Cristian Verdesca
Direttore editoriale: Francesco Luca Santo

BIOGRAFIA

Sono Meluccia Stella, voglio proseguire con la mia scrittura, dopo aver pubblicato il mio Libro di Preghiere. Pochi sanno il valore della vera vita, pensare che uno Statuto possa organizzare delle vittorie personali. Oggi ascolto solamente il vento e con organza vivo tra il Cielo e il Mare, perché l'Azzurro sia l'unico colore Reale per vedere un sorriso appeso al Cielo. Fili di Rugiada sporgono come vero Nutrimento e il senso del valore si Nutre come Cemente Poesia Biblica Superiore allo stato emesso con diplomazia e congruenza statile, ho visto organza avvolgere la mia mano come se tutto fosse Poesia di un'era passata. Obliqua è la verità nata, tra la conoscenza scarsa e il volere Capire, cosi in un solo Modo ho appreso che le candele illuminano il percorso, e il senso del volere Crescere portano alla vera Rinascita. Coerenza aperta verso un Nucleo Trasparente ma che vive oltre Misure stabile. E con questo mio Modo di afferrare tutto ciò che il mio pensiero registra Come Teorema Universale. Codesto Modo di essere verità al posare la mia Nuova poesia, fatta di lunghe estensioni Biometriche e calcolo aperto al Cuore, la legge non vale con il lato Celeste Manto poiché Tutti ascoltano ciò che si vuole. E per tanto Colgo solamente il Mio Pensiero pensando di non fare Male a nessuno ma posare parole Raccolte Tramite Forma parallele al Nostro consenso. In Questo mio modo espressivo di Creare un libro come Misura di una logica, possa essere un rafforzo per coloro che perdono le speranze e Nutrire del Mio solo nascere come poetessa. Voglio Creare un vivo pensiero fatto di parole raccolte, come se un Cuore si aprisse verso orizzonti che parevano lontani a tal modo essere Scultrice di Cielo e posare Tutto ciò che nella mia Evoluzione è Nata come Reale promessa, ove il Sole che nasce mi afferra la Mano e mi dice si essere leale con me stessa e per prima cosa esibire la mia Crescita come un solo Modo " Un Regalo sceso da Cielo " Cosa Grande esprimere il Mio valore senza pensare di essere eclatante ma piccola pace Cresciuta col Suono delle Campane. Il volere prendere dalla Mia piccola Mente tutto ciò che possa essere Verità nella mia cultura. Non arroganza o esibizionista, ma solamente porgere Poemi in forma Poetica, valutati come Messaggi di Pace e Rinascita del Mio stesso Essere. Il Mio Modo è Cresciuto senza studio, solo posizione di Ricreazione Tempistica. Un volume che si è aperto dentro la Mia anima di piccola poetessa Cresciuta come Spiga di Grano. Posizionerò Parte di Valore acquisito come se un Dio volesse aprirmi verso un valore Creato dal suo Concetto " Donare per essere visti come Parole D'amore " Oggi ho Deciso di espandere tutto ciò che da anni ho raccolto come forma di Verità, pensando Solamente di attribuire il Mio Sorriso al Cielo Grande e sfiorare come portatrice di parole un solo punto di vista, "Creazione della Mia logica, fatta di Parole Reali dentro la Mia piccola Mente", ognuno è libero di proseguire e decidere se tenere al proprio Cuore parte del valore. Penso solamente che altri volevano che io potessi Realizzare tutto questo, ove mi dicono: Non puoi tenere questo solo per te. Cosi come un Consiglio Amico e come il suo vero Valore ho sostato per vedere il Suo sorriso al Mio Davanzale e la voce mi dice: vai avanti e spargi la Mia Parola, Tra Mille incertezze e una sola Parola "la Mia" Creare è Potenza e Nascere è solamente un vivo pensiero per esprimere Tutto ciò che ho dettato Come Reale Verità. Coloriamo insieme le strade del Domani e Creiamo Qualcosa che Possa fare bene all'Anima di chi legge questo mio esposto. Ho raccolto fiori belli nel mio Giardino e da oggi decido di scrivere per suo Comando, Come se il suo Valore fosse un vero Nutrimento e Nascente posizionamento per vedere oltre lo sguardo che non vuol vedere. Ci sono orecchie che non vogliono Sentire, ma ci sono anche Poeti che sono appesi al Cielo come Stelle, Facciamole brillare sopra la Nuova vita, in Questa vita che pare essere oppressa dall'egoismo. Rinasciamo come seme da Coltivare e allarghiamo la veduta per Coloro che il Cuore è Tenero e che vogliano vedere la vera Retribuzione. E perciò in Verità Dico: Siate puri e Crescete, non Scappate a questo mio parametro e Cogliete Tutto ciò che vi possa far stare Meglio. Colorate la vostra Anima e scorporate in voi la forza dell'Amore, perché solo col Cuore aperto puoi leggere parte del Mio lavoro. A voi tutti una Buona lettura e la vera Crescita del vostro pensiero. Sarei troppo piccola a dire Credete a tutti ciò che io scrivo e perciò in Verità Dico: Raccogliete solo i petali che vi potranno servire, sostate nel vostro pensiero e donate tutto ciò che io ho potuto seminare, Solamente un sorriso al vostro Cuore. Chiedere non è Male dice un uccellino, "piccolo pettirosso che vuole posare un suo Saluto." Ed è per questo che in questo contesto voglio cantare la Mia Pace al Sole che Nasce come Reale vita, aperta per la nostra Misura e logica di pensiero. Sono le ventisei e due minuti all'inizio del concerto e poiché non esiste sento lo stesso il suo Numero che si Trascina sotto la mia Mano ferma e Veloce···.

PREFAZIONE

Nella consapevolezza dell'Amore, quello Eterno, quello che varca i confini dell'Anima e della mente, la scrittrice e poetessa Meluccia Stella ci propone quell'Immagine fulgida e vivida della Spiritualità che si sposa con la Fede in un concerto di parole, di emozioni e di descrizioni che vibrano, sussultano nella coerenza dello spazio Celeste ove ogni rapporto tra le intense parti diviene esplosione di gioia o forse meglio fusione di realtà. Sì, quella realtà che appare spesso difficile all'occhio pigro dell'uomo ma che è tangibile e ci guida, passo passo, alla nostra vera essenza, quella che prevale sulla carne, sulla tattilità del terreno ma si unisce al respiro dei tempi con la grandezza del cuore in un cammino unico e straordinario che è la Vita e che ci lega, indissolubilmente, a un Dio, a quella forza che tutti portiamo dentro e che si rivela solo se noi lo Cerchiamo.

"Cantico del volere Crescere"

Ero stato come un Consueto attributo per scrivere Tra Mille Fogli e una sola Regola, pensare solamente al concerto che possa suonare Tra Fogli Bianchi e un solo Colore, la sua Bianca Purezza. Uno spiraglio di Fede Nasce come respiro essenziale per Nutrire di Parole e Musica, cosi col Mio solo Modo poso una Novella che sia forma di Valutazione nell'esplorare parole di Vecchia data, percorrere il tempo ove il Sole nasceva come vero spiraglio di Vita e Colorare pagine Bianche della sua totale purezza. Voglio essere un Cantautore e col tuo permesso nascere tra queste riga per portare valore alla Mia vera esposizione. Calcolare solo la Misura del tempo e percorrere come un solo Modo: espressione volontaria di Pace e Riforma Nutrizionale. Allo spuntar del Sole ero come un fiore mi ponevo come Poeta e Pace, aperto con il Mio Cuore al Cielo per colorare ogni Cosa della sua Santa Parola. Ora ditemi cosa serve vedere scorrere parole se non Credete? Cosi mi adeguo come un fiore e sboccio ove il Cuore Nutre di Reale sentimento e apro la Mia parola come un vero Nascere sopra Questa Mano che percorre la stessa Mia strada. Ondeggiavo Sorellina mia dentro la mia Barchetta di Carta, ove ponevo frasi e colore per vedere dove poteva sostare. Cosi ho colto il vero dialogo nel vedere te che non Credevi ma eri Felice nel scrivere il Mio Nome senza sapere chi o cosa fossi, ma ci stavo Bene! perché io Tagore venivo a te dentro la Barchetta a vela che io stesso avevo ormeggiato alla tua Dimora. Questa è Poesia

Biblica perché io ho Colto un fiore e lo pongo a voi come visura! Cosi sono Cresciuto tra mille soste e tante Ricerche nel vedere te a posare parole che erano Reali e surreali allo stesso tempo. Pausa. Poi Pausa. Poi cantavi le parole più belle del Mondo al Mio Signore.... Cosa Grande Sorellina luna, cosi adesso puoi Mettere il Resto degli scritti e col Cuore Gioioso dico "Vai Avanti Sorellina Mia" e questa la devi Mettere come Presentazione del Mio Nascimento a te dopo dello sviluppo circostante alla Tua Crescita Spirituale e un Concerto senza fine. Vai Avanti Sorellina Bella che la Poesia Biblica è Amore e Nascita del locro Benedetto e Nessuno può dire che sia falsità o sconcerto ma solamente una Mente aperta a Cogliere prima il Mio Fiore e poi il Vero Valore Nato attraverso la Tua disponibilità nell'ascoltare e nel porre la Tua Mano Come vero Amore per il Padre Celeste Manto. Questo libro lo Dedichiamo a Maria Regina Della Pace a Colei che ti ha Abbracciata e attraverso lei è Nato Questo Valore Immenso. Allora con il Cuore Aperto diciamo pure cosi: Grazie Madre Regina della Pace di Medjugorje Noi Ti Amiamo.

In Fede Tuo Fratello Tagore

Prosegui Amore Mio che le Colline sono Alte li dobbiamo scalare con la Forza del vero Amore, al Rapporto della Fede e al Singolo Tributo del nostro percorso Tra Cielo Mare....

Le Mie Meraviglie "Anno 2011"

Oltre la via della Nostra vera Gioia, Oltre la sola Potenza di Pensare al Domani, la cosa che Prevale al di là delle Cose possedute, Vale la Propria Dignità di Credere ad un Pensiero che Vale di Più di ogni Ricchezza, è Tutta la Vita che Conduce la nostra Stima nel Vedere la propria figura di Rinascita, in Ognuno di noi che vuole solo Coerenza di Stimare il proprio Fratello prima della nostra stessa Persona. Ospitare il Dolore di nostra Valuta ogni Momento, versare l'Amore in un Unico Modo Universale, solo cosi la Gioia del Cuore è solo un Piacere per preparare una Nuova Vita di Rinascita. Costruiamo Castelli con la Fantasia e dopo per un solo Sorriso che prevale, l'unico Modo di dare stima alla Propria persona, nel volere ogni Responsabilità di provare Dolore nell'Amore. Ad ogni persona che Conduce la propria vita di potere Esagerare nel Condurre la propria Vita e Oscurare il Prossimo, nasce un solo pensiero che Prevale la vostra Sorte, Giunge uno Sconforto personale che vi Permette di potere agire nei Vostri Confronti in Modo Adeguato, permette a Voi di spostare la Gioia che Avete Offeso solo perché non Avete fatto Niente a vostro Favore di Aiutare il Prossimo. Nasce la Fiducia che poi si Perde, perché il Potere della Giustizia Prevale oltre il Vostro inconscio. Fate la Vostra vita una Regìa di Altruismo che Porta a voi solo Potere Infinito, non superare te stesso perché ogni Prevalenza di Vostra Potenza del Pessimismo, Naufraga nel Mare della disperazione ove Affonda la vostra sola Paura di non Credere a

Questo. Ospita a te il Dolore del vostro compagno, accompagna la Violenza anche nel Restare impassibile alle Disgrazie degli altri, dove dolore che vale solo Paura Ospera la luce della Passione, grazie per aver dato a Me la possibilità di Naufragare nel Vostro Cuore, per aver Posato la Mia Parola che Prevale oltre il Mio Potere di avere Gioia, dopo questo Pentimento che Sotterra la vostra sola Coerenza nel Pensare di non Aver fatto male, male non significa fare male, significa far Cadere il Morale delle Persone poco intelligenti al vostro Stato. Poco conta la superiorità del potere perché oltre il vostro pensiero assume la vita di forza Naturale, dove Vita che Nasce porta solo Speranza di una Nuova Vita Particolare e obbligata a permettere ad ognuno di Voi la parità del Pensiero che vive nel Cuore. Porta la mia Parola, Ospita la Mia Memoria, non fare Finta che non Vuoi Credere perché se il tuo Cuore è Chiuso io Potrò aprire a te la Vita che Nasce Oltre il Tuo Pensiero, Aspetta a vedere le Mie Meraviglie che Chiedono ad Ognuno di Voi solo Saggezza di Vedere Me come Persona Vivente, Ospita la Mia Parola e Apri il Tuo Cuore, Forse Domani nel tuo Pensiero Sboccerà la Vita del Mio Pensare al Bene e non solo cose negative che Prevalgono, ma Passione nel fare senza pensare che sia un Dovere, ma una cosa che vale dopo la Preparazione del vostro solo Pensare a Me come Persona. Saggia la decisione di vedere me Onnipotente perché io oltre la Memoria che poco conta a Voi, sono un Altissimo Supremo, senza di voi la Mia vita non ha Potere qui nel Mio Mondo. Potere di Risveglio che Accompagna la Mia Fede di Credere in Voi come Persone di Vita, Auguro a Voi il Mio Pentimento di volere la Giustizia per confrontare la Vostra Astuzia di pensare che Sarete Assolti da tutto. Non è Cosi, ogni petalo che Cade la vostra Vita Perde Valore e qui Tutti Coloro che avranno i Petali pieno di colore, saranno in Primo Piano nella mia Dimora. Oppure pensavi che Ascolto è solo paragone di provare la Mia Fede in Voi? Nasce da Me l'Augurio che nasconde la vostra solo passione di nascondere la Forza di Volontà, che Muore solo nel ricordo di Propria Fiducia, solo che la Fiducia assume una Forma di Tenore di poco conto, Ospera in Voi la Mia Parola che Conduce al solo Potere di Fare Grazie a voi che Credete Poco. Ora in questo Giorno vale di Più il Vostro Amore che Nasce Amore che Vola fino a qui, Aggiusta il Tuo Modo di Pensare ed io Sarò Clemente con Chi anche con Ritardo Accoglie la Mia Parola.

Amen

Ricreazione Amore Mio

Ora sono come un Sole Aperto per la Pace, voglio attraversare ogni Cuore che vuole vedere Me come vero Amore, discendo col Mio solo Pensiero per attraversare angoli di Potenza e nonostante il Colore dell'intolleranza per Coloro che posano falsi valori Creerò un Cemente Dialogo, Aperto per la Vita. "Assistenza Politeamica." Era la vita che voleva opprimere il Mio vero Amore, erano persone che volevano il potere alle loro Mani. Sono Causto al mio solo potere e voglio Aprire le mie vere Parole. Sono come un Dio Aperto per la Pace per poter Salvare Coloro che aprono il Cuore a me che sono il Patrono dell'Amore. Aria Gira in questo Luogo, Voglio Cantare il mio Sentimento e coprire le strade di viole Rosa per vedere ora un Colore leggero e domani Cuori aperti per il vero valore di essere di essere pronti a varcare il senso della Mia Poesia Biblica. Nasce dal Cielo un Tesoro Naturale, brilla di luce propria e vuole sostare per percorrere Tempi Remoti...Ora vedo solamente una Croce in Alto il Monte degli Ebrei e vedo un Cuore che piange ove la gente è stata oppressa dalla dittatura. Colori si sono spenti e il Sentiero pareva uno stato fatto di Crudeltà. Penso che ogni singolo Potere sia Crescita dello stesso Valore, è Nutro del Mio dolore Cercando di Aprire alla vista socchiusa che le Anime si rinnovano e chi è stato oppresso vive nel Mio Giardino. Candele sono state accese per vedere questo sentiero in fase di Rinnovamento Nunziale, aperto per offrire la Giusta quietanza per Coloro che Hanno offeso i Miei veri Valori. La vita è bella, è Nascita aperta per Gioire della stessa sostanza fattosi Carne e potere di Vita. "Ascolto il suo senso è dico Padre sei L'amore in persona! Padre sei il Santo Patrono delle vite aperte per la Reale vita. Padre sei l'olio Santo aperto sulla Mia Mente, Padre io Ti Amo." Nonostante il Tuo Amore Figlia mia io sono ancora pieno di Dolore, vorrei solamente abbracciare Tutti allo stesso Modo, Vorrei poter Benedire ogni figlio che ha dolore e posare sui loro Cuori un soffio di Pace per portare serenità alla loro mente che vola in posti lontani senza vedere che dentro di loro c'è il Tesoro Vero. Posso solamente essere cernio al mio Santo volere e aprire la vista appannata di Coloro che pensavano che Amore fosse solo prendere e opprimere la vita altrui. Posso solamente Crescere insieme a voi e tra di voi, ma pensa solamente che io sono Poeta aperto per la Pace e solo se si ascolta la mia Poesia con Amore si può Vedere il Mio vero Comportamento, scrittura obliqua al Mio Santo Volere. Creare Figlia Mia è potere Mentale ed io Cresco ove il Cuore batte, ove l'Anima si apre al Mio Vero Sentimento. Ho attraversato la Palestina a Piedi Nudi per vedere nascere la Terra sotto le mie sembianze di Padre ed ora attraverso a piedi Nudi i cocci che trovo per strada per poter sentire il dolore dei vostri Cuori, solo cosi potete Vedere il Mio vero Senso, aprendo la vista sotto il vostro Dolore che preme al petto e alla Mente. Ditemi chi siete voi per dire che io non ci sono? Forse voi eravate sotto la Mia Croce quando ho urlato al Cielo "Padre Pensaci tu! loro non hanno Colpa, Padre apri a me le tue Braccia? (Ovvero venite a Me se Credete) Ed io vedevo il Cielo oscurarsi di dolore e poi Vedevo me stesso che mi tendeva la mano e piangeva il Mio stesso Dolore. Così adesso sono io con voi, potevate Forse pensare che un Dio Morto poteva risuscitare la sua stessa Vita? Eppure io ci sono e voi non mi vedete. Io ci sono e voi non Credete. Io ci sono e fate falsità della mia Santa Parola. Io ci sono e Cado nel fango che voi avete Costruito per sotterrare il Mio Vero Amore. Possiate voi e solo voi Credere in voi stessi e con la vostra fede personale aprire la Coscienza ai vostri valori, Possiate essere verità sulla Vostra vera Verità, senza accusare il popolo di

Israele e nemmeno il Mio Ulivo Benedetto. Possiate essere Valori senza accusare la vita altrui, ma pensare col vostro pensiero e fare vostro lo sviluppo Creatosi nella vostra Coscienza e poi col vostro Amore donare solo il Bello del valore Nato, non oppressione Mentale, Ma Statuto aperto per la Pace e L'Amore. Ho dettato Verità fate voi il vostro Gioco e posate solo monete pulite perché io ho dettato con la sola Purezza. Possiate essere Naturali e vivi dentro il vostro Corpo. Pareo Universale per attraversare la Logica e la Reale Vita. Venite a me con il vostro Amore ed io sarò lieto di abbracciare il Mio stesso Amore. Venite a me come poeti Aperti per la pace e posate sulla vostra Creazione solamente lo sviluppo della Vostra Crescita interiore. Venite Fratelli e Sorelle alla mia Casa e insieme preghiamo Col Cuore Gioioso. Pentitevi dei vostri falsi Valori e dettate a me le vostre parole, quelle che escono dal vostro profondo Cuore. Gioite per voi e insieme a voi. Nascita del portamento Nunziale per Credere alla purezza del Bianco. Seminate le vigne del Padre e raccogliamo insieme la sua uva, quella della Cernia Apostorale, quella della Nascita Vitale, aperta per la Pace. Ora sono Felice Amore mio porgi al Mondo il Mio quesito ed io vivrò per l'eterna vita insieme a voi. Credete al Re è cosa Buona e Giusta, Credete a questa Favola Magica che le Campane suonano il Suo Reale Amore. Grazie a Tutti colore che vedono Verità nelle mie umile parole, prendete ciò che volete e fate Tesoro della vostra vita. Colorate il vostro Modo di essere con il vostro stesso Sacrato ed io sarò Come Creatore di favelle per portare quiete ove non c'era.

Amen

6/10/2013 "ore (7/38)"

Un Tramonto al spuntar del Sol

Nasce in questo Giorno il Sole al venire del tuo pensiero, vive come Nozione, e piccole perle si aprono come se fosse Aurora sparsa dentro un Recinto di fiori. Questo singolare Modo per Creare una favola avvolta di Leggiadra Poesia Biblica vuole corteggiare le stelle, esporre un Canto Beato e portare parole che riempiono il Cuor. Poi si apre il velo del Padre e vuole posare la Reale Dimensione Verso un parametro Universale, per fare questo ho pregato alla terra Madre e Al Cielo, ho solamente esposto un Pensiero Mattutino, ove diceva "Adesso posiamo una bella favola sorellina Mia percorriamo il Continuo del libro." Cosi mi trovo qui ad ascoltare la Radio per rendere Migliore l'atmosfera e ascolto ogni Parole che vuole venire alla luce. Piccola Mano scorre come se fosse un binario senza fine, vuole posare il tuo Canto oh Mio dolce fratellino sole. Avrai. "Solamente un porticato da aprire sorellina Mia, la mia vera pace, sarai tu a svelare il Mio vero orgoglio e Canteremo ogni parametro esistente, Canteremo la Gloria alla Terra Madre e percorriamo angoli che solo tu puoi ascoltare e per questo altri dicono che non è possibile, perché San Tommaso voleva toccare Con Mano per Credere, ma penso che Non Tutti Hanno udito il Canto del Cielo e non importa se sguardi cadono nel Dire che non sia vero. Verrà il giorno che tutti assaporeranno questo Nostro Mondo, ma per fare questo ci Vuole fede ed essere obiettivi che una piccola Mente non poteva scrivere queste parole in così poco tempo, allora percorriamo Mettendo le date e l'ora per Creare la visura esistente. Creiamo solamente uno Stimolo di Crescita e pensare che sia sola Mania poco importa, perché il libero Arbitrio è una Realtà e tutti possiamo Vedere o sentire Ciò che vogliamo, ma Non possono dire che non sia Vero, perché questo Vuole dire essere Credenti solo di se stessi, allora accendiamo il Cielo Come se fosse una Stella luminosa e posiamo ogni piccolo principio emesso in fedeltà e Naturalezza piena di Amore. " Nasce dal Cielo un Suono Pieno di Lode, ove il piccolo suono vuole posare una bella promessa, Il Cuore è Reale e batte se ascolti con parsimonia. Il Cuore è un Muscolo ma percorre ogni parametro esistenziale, Basta solamente avere fede ed agire come pompa di Calore, Nutre solamente per il Dolce Sentire. Pensiamo al Cielo Come forma di vita e Non solamente come Colore Sparso, ove il Colore svela la vera Nozione e Conduce al Risveglio quantistico, ove le Vibrazioni si divulgano come passeri. Adesso siamo Conduttori di Parole e Domani siamo vita Reale aperta per la Consacrazione Del Padre, ove il Colore si Rinnova Come vero Amore. Diciamo pure che tutti abbiamo un percorso e che Non tutti possono vedere il Nostro Cielo Come vita e perciò cresciamo in base al Nostro Amore e Nulla è di cosi Bello, che essere tanto elegante Nel vedere la vita Come Anima libera e perciò Nasciamo come poesia e parola letta dal Nostro Animo Gentile. Ora passiamo al volere esprimere un valore che pare essere solo sottomesso ove il Canto si evolve alla Credenza e dire non è vero è come dire io non sono vita, perché ogni persona ha udito ciò che vuole ascoltare, vuole questo mio Modo essere leale e posare piccole Gocce di verità, ove il Sentiero si apre se si Coglie il senso del Racconto. Per fare Questo diciamo che tanti sono i Racconti e tanti si adeguano al proprio sviluppo, Allorché Tutti siamo vita aperta al Cielo, io esprimo con Cordoglio il Mio pieno sviluppo, Nascente come fiore di loto accostato alla Tua Mano. Dolce sentire sorellina Mia, ove il tuo senso ha scosso parte della tua Memoria. Pensa che ogni Poema è stato scritto con immenso Amore, pensa solamente che io ero poeta speciale, ove le Mie emozioni

Nascevano allo stesso Tuo Medesimo Modo, così senza volere Nulla Cantiamo ciò che l'anima Porge e col Nostro percorso esibiamo ciò che il Padre ha dettato come forma esistenziale, ove le Regole sono sempre Quelle e Nessuno osi dire che il Padre non può parlare, perché Dio è Pace e Reale Amore e Non Tutti Colgono il suo Messaggio. Basta solo pregare con Amore e donare e non essere ascoltatori delle solo idee che trascendono e poi Cadono. Ogni foglia che Nasce il Colore si espande verso la Natura Madre ed ogni profumo si Coglie se si sente non solo il fruscio delle Canne ma anche il suo Movimento. Nulla vale se si chiude il sentiero dello sviluppo. E Crescere vuole dire dare parola al sentiero che perdeva Nutrizione, essere posatore o posatrice di parole Raccolte per seminare le vedute del proprio principio attivo. Ove vedo ascolto vedo il Vero Rinnovamento e Ove vedo Trasmissione del Nostro Reale Amore, vedo il Vero Amore, Raccogliere e tenere solo per se è solamente puro Egoismo che vuole Crescere da sola e tenere un profumo prelibato solo per sé. Adesso passiamo alla Credenza della Reale Retribuzione e diciamo pure che Tutti siamo Poeti e colore, e che Tutti possiamo essere scrittori e Creatori. Ma Ditemi chi ha donato parte del valore alla Reale Retribuzione? Ditemi cosa serve esercitare la professione operatore se poi vedo piccoli cuori agire solo di proprio? Così si chiama solo poesia voluta per Colorare la propria anima. Diciamo pure che Tutti siamo liberi operatori e che Tutti possiamo godere del frutto o dividerlo con chi ha solamente uno sguardo piangente. Per Questo dico che il Cielo è Misericordia Divina e che il Calcolo del proseguimento avviene se si ha ascoltato Con Amore e interesse. Che Tutti possiamo programmare la Nostra vita o vedere germogliare anche piccole foglie che erano state offese. La Natura Siamo Noi e non il Peccatore. Siamo Angeli se Apriamo il Cuore. Siamo Poeti se viviamo Tra la Gente e Nulla può Creare se si vede il Proprio Egoismo Crescere come Naturalezza. Nascete con voi e poi Volate al Vento. Ascoltate il senso di questo Poema e poi Nutrite di questo Germoglio, oppure fate di questo solo un concorso che Cade a pezzi Come Cocci Rotti. Raccogliete i Cocci e poi ogni pensiero Costruisca la propria Tazza. Ma ogni operanza è Reale se si Vede la Vita come Unione e non Come proprietà Privata. Nascete come pupille aperte per Vedere persino il vento come carezza e non come foglia che vola da Sola. La Pace sia nascente Parola per portare il Respiro Tra le strade.

Ciao Sorellina Mia.

"ore (8/19)"

Un vivo Pensiero apre una Corte

Coloriamo Angoli di Pietà Celeste, assunzione del locro Benedetto, Vivo è il Mio Amore, è Cortesia e Colore vivo. Operare per giustizia Universale, senza accusare Nessuno, ma alzare le braccia al Cielo e come un fiore Aprire i Petali verso la Giustizia Universale. Ora Coloriamo parte del Cielo e con un Canto Beato Porgiamo vivi Pensieri sopra la sua Immensa Maestà! Colori Aleggiano al mio pensiero, sono poetessa Aperta al Cielo, vivo come farfalla e con le mie ali Tocco l'infinito, perché solo le ali aperti vivono oltre le Nuvole, voglio posare una piuma sopra l'oceano e col Cuore Gioioso vivo come una Colomba. Sacrale è il Pensiero Pulito, Sacro Cuore Immacolato per la sua viva voce... Ora poso un vivo Colore, ove il fiato diventa Poesia Estesa per la Gloria di Mio Padre. Celeste è il suo Amore, e poiché io vivo sopra l'azzurro accarezzo il velo della trasparenza, Colgo il fiore che apre le porte Celestiali, fiore aperto per la sua Gloria, un fiore che aleggia come viva Speranza, è loto il suo nome e percorre il Cuore Gioioso. Apro il vivere lieto e accarezzo il petalo dell'esistenza, Nutro come vivo Amore e poi accarezzo persino la sua radice sopra le acque del Suo Ruscello. Un vivo pensiero espresso come viva Pace, ove il Cuore apre le porte del Reale Sentimento. Cogli il fiore e spargi i Petali verso la Nuova Sorgente, è la vita che apre l'organo del Reale entusiasmo, e il pensiero che Coglie la Brina, discesa per toccare le vie aperte al Cielo, l'anima che porta la vera pace, Basta Aprire il Petalo Centrale, quello del Sentimento e poi tutto scorre come Beata pace, attraversa persino le vie offese e adagia la Cortese atmosfera. Cogli il mio Petalo, stringilo al Cuore tuo e poi Sorridi a Me che Sono Salvatore, sono vivo Colore, Nutro solamente di Passione accesa se tu apri a me il tuo Cuore. Aurora è Nata, apri la tua vita al Cielo, Come se il sogno fosse

Reale vita, apri le ali e sorridi, vedrai Nascere colori, Brillano se accosti il tuo pensiero verso la vera luce, dentro il tuo esteso Pensiero. Colgo Questo tuo Poema e lo porto al Cielo, pensando che un giorno sarà posato lungo le rive della Verità Celeste. Apri la mia Parola alla Terra Madre ed io volerò ove il Sogno apre la Reale Logica.

Ciao poetessa Terrestre
Ti Amo

Brilla la luce del Sole

Oggi ho visto Un Ruscello, era Candido Giglio aperto verso il risveglio, pareva essere costanza, di una Realtà aperta sotto le sponde del Sole. Colori aleggiavano, erano fiori sotto la sua Maestà. Poesia piena di Vita, per vedere Sorgere la verità Celeste Manto. Coerenza Rivoluzionaria apre l'organo del Sistema Solare. Un raggio si vedeva, Penetrava dentro la mia Anima, ora sono un vero Ritrovo, poso il Mio Sentimento sopra l'estasi nata, sopra la Beatitudine di questa Mia onesta Colorazione. Attraverso le vie Celestiali e come un fiore rinasco dentro me stessa, perché solo il velo della dolcezza Apre le porte del confine, attraversando betulle e colori vivi. Sono un fiore aperto al Cielo, perché solo così posso vedere la mia Reale vita, attraversando il Corteo del vivo pensiero. Asciugo il dubbio e Coloro le Ginestre di Aurora, poso un chicco di Grano sopra il suo Ruscello e poi Respiro Col Cuore pieno di Gioia. Ascolto il vivo pensiero e distribuisco petali, sopra Questa immensa Terra, ove il Respiro accarezza la pace Nata. Volare con ali oltre oceano vorrei e così senza urlare copro questa mia estensione, come se tutto fosse vita Aperta, per vedere Sorgere dentro in ogni Cuore Granelli di Sabbia, che siano piccoli semi fatti di organza, perché solo Così posso vedere la Grandezza della mia Pace, attraversando l'oasi dai Mille Colori. Sono felice di essere Nata, Sposo il Cielo e Coloro il velo che Cadeva, Essere un vivo pensiero, pensando che tutto sia vita aperta, persino il Canto delle viole, nascere ancora come fiore per vedere Giostrare la Reale vita, attraversare un Confine che Dona la pace e poi col Cuore acceso dire al Sole Perlato: Io Ti Amo, Io sono Colore acceso, perché ho toccato Un raggio coperto di Betulle Rosa. Orsù oh Mio Signore, sei immenso, Sei vita aperta per la Reale vita.

Vola il tuo Colore, come se fosse Poesia Poemica, solo tu lo puoi fare!

Ciao OH Mio Gesù.
Ti Amo.

Colore è il vivo pensiero

Vivo ove il Sole pone la Pace, ove il Respiro Apre la vita e Colora il vivo pensiero. E' tutta vita la sintesi Proibita, nasce come Stesura Universale e vuole Colorare Angoli Dimenticati. Nascere Come Poeta e Scultore della Beata posizione Celestiale. Cantano le aquile sopra la vita, Cantano ove il Sole accarezza le sue Ali, sono aperti sopra il Monte e i farisei scappano... Perché uno Solo è il Dio e uno Solo è il vero Nutrimento, non invenzione e Calcolo, Ma solamente accettazione della Diocesi e vasto Parametro, per Vedere Dio non solo sulla Croce, ma anche dentro ad ogni Cuore che ha accettato la sua Casa. Ogni Angolo è vita aperta ed io vedo piccoli uccelli che pensano di pregare e poi Peccano, pensando che la chiesa sia una falsa. Allora Colgo un pensiero, come se fosse verità e dico: Tutti Siamo Signori, siamo persino Amatori, ma se non vedi la sua Casa come Amore come pensi di Entrare nel Mio Regno? Oggi ho ascoltato un seme, nasceva come forma protetta, era candido valore, si apriva come voce e Poesia, sorrideva. Poi ho ascoltato, come se volesse parlare diceva così: Sono vivo io! Sono piccolo e Grande! Nasco dal Nulla e Coloro le Strade, perché io sono Speciale, apri il Cuore alla Casa del Padre ed io volo al Cielo a cantare la Gloria alla vita Nata. Assapora la Nascita del Valore posato e vivi come vero Cattolico, porta un fiore alla sua Dimora ed un sorriso Nascerà dentro un Cuore che scappava. Ascolta il semino, nato come piccolo circuito e insieme Cresceremo Come Poesia Aperta, per vedere Dio anche nella sua Dimora. Sono vivo io! Sono piccolo! Ma vivo Solamente se tu vedi il mio Germoglio dentro al Cuore Tuo! Prova a Cantare e Vedrai Nascere me dentro te e solo così Potremo Camminare con le mani afferrati, pensando al cuore tuo che si apre sotto le porte del Sole. Vivo io! Sono vivo solo se mi cerchi.

Proverbio Indiano alla deriva del Pensiero…

"28/10/2012 "

Alla nascita della vita una sorte era proibita.
Alla vita una luce e un valore da aprire il proverbio della vita,
una stella che illuminava il suo percorso con la vita.
Una vita nasceva sotto le stelle
e una stella illuminava il suo percorso
per portar a termine la vita del valore Creato.
Una vita nasceva dentro una capanna
e altre vite venivano oppresse per trovare il Salvatore.....
Un esilio stabiliva la sua vita e il vostro egoismo cresceva,
poiché stava per essere ucciso l'Amore nato per salvare il mondo.
Ora ditemi potenti dei del mondo,
cosa serve seppellire l'amore, se questo non muore mai?
Un sentimento puro nasce dal cuore, nasce dal valore creato,
nasce dalla vita e vive oltre la vita.....
Niente vale al mondo se il valore viene condannato,
niente vale se l'ipocrisia cresce tra le strade,
niente vale se l'egoismo seppellisce il respiro....
Poveri sono coloro che credono ad una conquista,
ad una logica illogica e poveri siamo tutti
che pensiamo solo a noi stessi.
Un luogo stabilisce un raduno e poi giudicati,
un luogo apre la vita all'amore e non all'inganno,
un luogo apre la speranza e tanti non lo sanno.
Un proverbio vuole prendere vita sulla terra e sulla mente,
senza pensare ad un'offesa
ma solo esprimere ciò che si era dimenticato.
Una legge superiore vuole accostare

alla deriva del pensiero perso,
vuole donare speranza di vita Eterna Mia,
vuole solo sfiorare l'intimo della reale vita,
vuole Toccare con mano un cuore che perde le proprie Emozioni,
vuole solo essere sereno e che nessuno possa dire
che io sono morto.
La vita apre la vita, la logica apre la logica e noi scappiamo.
Un essere diventa superiore se si apre all'amore universale,
si apre alla vera vittoria per aver donato se stesso
senza pensare ad un premio speciale,
ma aver dato un sorriso e una speranza verso la legge Universale,
speranza fraterna per vedere sorridere il cielo,
speranza per la vita che non vola
ma che si accosta al pensiero della vita.
Cosa vale la retribuzione della vita se poi si é piccoli di Animo?
cosa vale l'egoismo se si é coerenti del proprio valore?
e poi si socchiude l'anima.
Ad ogni anima una propria evoluzione,
ad ogni stato un'obbiettività,
ad ogni passaggio una vittoria, e poi una Crescita superiore
che possa collocare la speranza alla fede
e non essere solo grandi per se stessi,
perché ogni proverbio possa diventare importante
nella nostra vita,
la si deve prima impostare senza pensare
che io non sono stato toccato.
Allora una voce aleggia nell'aria come se fosse un sogno
che arriva da lontano,
una vera risorsa che vuole solo posare
una carezza allo stato puro, dentro un sogno fatato.
Una vetta si apre dentro un sogno,
pare sia un Poeta che ha scritto la sua vita oltre la vita,

una vera credenza che non vuole essere seppellita!
E poi il sogno pare essere reale dentro un evento strabiliante,
un concorso di equilibrio che possa essere svegliato
in questo mondo chiuso per inganno.
Alla sorgente del sogno proibito nasce una vera passione
che vuole solo posare un risveglio della mente perduta,
vuole solo pensare che niente vale se un pensiero viene sepolto.
Alla nascita del sole la vita si apre e poi come se fosse un pastore
vuole solo accarezzare tutte le sue pecorelle smarrite.....
Una luce si apre alla vita e una poesia nasce
per essere fatta volare
e poi un sorriso vuole accarezzare la vita e la speranza
che pare essere stata accostata nel pensiero falso.
Niente vale alla vita se la vita viene oppressa,
niente vale se la parola viene giudicata e dimenticata.
Cosi io dico che il sogno finiva
come se fosse un film in prima visione
e finiva cosi: ascoltate gente di questa terra
ho solo posato una logica,
ho solo posato una veduta al vostro sguardo,
ho solo posato parole che volevano vivere
per far si che un proverbio non sia dimenticato,
adesso questo scherma si chiude,
il sipario torna allo stato puro, si chiude...
Ma spero che in questo vuoto di rappresentazione
nessuno possa dimenticare questo sogno
e che il ricordo di questa visura possa portare valore,
non solo una leggenda metropolitana
ma anche un proverbio da non dimenticare,
poiché la vita possa prendere valore e non dire mai più
che la croce é stata seppellita col suo Amore.
Niente vale alla vita se la vita viene seppellita insieme al pensiero,

niente vale il pensiero se la vita viene offesa.
La potenza vale come ad un fiammifero
poiché il vento soffia e spegne l'arroganza.
Il cuore vale a vita poiché é un sentimento
che non viene mai abbattuto......

Cosa sono le vite?   "26/6/2013"

Ero Tanto Caro dice un sorriso, posavo il Mio Corpo sulla Terra e nascevo come un vero Sole. Ero un pittore e attraversavo le strade ogni giorno, posavo le mie membra con le ali aperte sopra strade deserte, poi cantavo la pace, e il colore era tutto Rosso, pareva essere pieno di Amore. Aleggiavo come un Sole e il Mio sorriso era aperto sopra la Terra. Poi è successo Qualcosa, vedevo scivolare un cordone lungo un fiume, era una corda spezzata dal Cielo e tutti i Colori si perdevano tra le strade deserte e la vita che Nasceva, era il Colore della Speranza. Nasceva come poesia e Canto Beato.... Risorgeva come posizione diretta e cantava la pace, come se un fiume avesse aperto le porte del Paradiso. Ero Caro nel vedere tutto il Mio Essere posato come favola e la mia pace sorrideva alla vita. Nasceva la speranza di vedere un Cuore aprirsi sotto il Sole e il Mio Cuore Batteva di Amore nel vedere il Colore prendere vita nei Cuori Chiusi. Sono io il Sole diceva un fiore, sono petalo aperto per la Gloria. Sono Candido Giglio aperto per la Gloria del Padre Mio. Ora pensate alla palla che gira come mondo, poi posate un vostro pensiero sopra un fiume, allontanate i falsi valori e correte al Cielo, date sfogo al vostro vero sentimento, aprite il Cuore e posate la speranza dentro la vostra Mente. Nascete dentro voi Stessi e iniziate a vedere il vostro sentimento Come Colore Aperto per la Vita. Siate Buoni con voi stessi e poi Colorate le strade deserte di pensieri Buoni che siano nascita di Amore Reale e tanto Colore da afferrare con dolcezza. Vivete Come fiori e aprite il vostro epifero al Cielo, poi il vento si sposta lontano e i vostri Petali saranno aperti verso il Mio giardino. Sarete vita Aperta per la vita. Piena è la Mia Grazia, sono come un Padre che apre le braccia ed io vivo ove il Sole pone il suo Calore. Potete solamente vedere me solamente se aprite il Respiro al Mio

Cuore aperto e solo Così potrò entrare Nel Vostro, vedendo il Vostro Cuore aperto verso il Reale Amore. Siate pieni di virtù e posate il vostro sguardo ove le rive del Mare cantano la Mia Reale Pace, tra il vero Sentimento e il Colore aperto per la vita. Ora ditemi Figli miei cosa avete avvertito nel Sentire un vero Canto? Ditemi cosa Sentite dentro il vostro Cuore? Aprite lo sguardo al Mio Reale Amore e poi ponete il vostro Respiro a voi stessi, ascoltate Solamente il Bene che pare essere la primaria esperienza per diventare Migliore e poi godete del frutto Nato. Poiché io ci sono e non ho mai abbandonato nessuno. Sono Reale e vivo per la vita Reale. Volete aprire il Sole come un fiore? Allora accarezzate il vostro Respiro e poi posate una Carezza alla vostra vita. Sorridete al Sole e Nascete come Colore aperto per la Reale Vita. Siate buoni con voi stessi, alzate le Mani al cielo e poi Canteremo insieme il Vivo pensiero, tra la Mia Pace e la vostra Vera Nascita. Siate pieni di Gloria al cuore e nascete come pura purezza, perché l'essere Puri accompagna alla Reale Resurrezione. Ove io vedo un Cuore Gioioso, vedo il puro Sentimento, tra Mille Dubbi o un Nuovo Cuore Aperto per il Mio Vero Sentimento. Siate anche Generosi e aprite il vostro animo poiché tutti siete Fratelli e Sorelle e solo così vedendo il vero scopo di questo Mio Modo espressivo, potete Crescere come veri obiettori della vostra coscienza, perché io sono tutto pieno di speranza e pongo a voi il Mio Sentimento attraverso il Velo della libertà. Siate anche poco valorosi nel vedere me come un conduttore di vita, Perché ogni essere è di pieno sviluppo e Credo che la Mente sia personale, Perciò Aprite voi il vostro valore e Crescete tra Mille dubbi e la speranza che perdevate. Posate al Mio Cuore il vostro e poi Insieme Saremo un Tutt'uno come Colore e Passione Aperta per la via e la Gloria. Nasciamo come vittoria e corriamo verso le sponte del mare, alziamo il Respiro al Cielo e assaporate il Mio Valore, Nasce come vera nozione per essere pieni di Grazia. Ove il velo del pensiero falso cade, io sarò lì ad aprire le braccia. Solleverò il Dubbio e Canterò a bassa voce il Mio Amore per Te che hai visto questo poema come forma di vera Nascita. Assapora il tuo Pensiero e poi vola al Vento e come un vero Ritrovo io poserò il Mio vino e Pane, sarò Reale Consacrazione e Toccherò il Tuo Cuore. Aprirò il Mio Manto e ti solleverò dal Dolore processato. Ora ditemi chi sono io al vostro vedere? E Poi ditemi chi siete voi a porvi a me come viole aperte col pensiero spento? Potete solo dire io ho solo Cantato dolore e oggi Padre ho visto il tuo vero Amore.... Si! Solo così posso vedere Te come me!

Amen

Aprire il Cuore

6/11/2012 (ore 24/31)

Alla vita che apre la vita, un Cielo Aperto per la Gioia
che vuole solo posare Amore.
Sono certa che pochi ascoltano la vita al vero senso della parole
vorrei vedere nascere la speranza che perde valore,
regolare la vita per vedere trionfare le proprie emozioni.
Scoprire la fede e il suo privilegio della nascita di parole
poste solo per accarezzare vite che soffrono,
donare noi stessi la preghiera per rafforzare il valore della vita,
vorrei creare la mia veduta,
poesia vera senza offendere nessuno.
Voglio solo aprire il Cuore del pensiero chiuso
e posare la mia parola di lettura
per vedere aprire fiori vivi verso il Valore posto,
una scelta misurata sopra le proprie aspettative
per migliorare la propria vita.
Pensate solo che la vita é un vero trionfo,
e che niente vale se ognuno di noi
chiude gli occhi fronte al dolore.
La vita é poesia che deve vivere dentro ad ogni Cuore
e domani il bene verrà premiato
per tutti coloro che hanno donato solo pensieri buoni,
senza pensare ad una raccolta propria,
ma solo far valere la bontà per vedere sorridere fiori
che non hanno acqua abbastanza per aprire i suoi petali.
Un sorriso per vedere sorridere il proprio fratello.
non solo per vedere trionfare la propria vita,
ma anche una culla per vedere un bimbo sorridere.

Una culla da Regalare al Cielo
e dire Grazie Padre del tuo vero Valore,
Grazie Padre della tua Misericordia infinita,
poiché ricchi sono coloro che aprono il cuore,
ricchi sono quelli che sanno accettare la propria croce
senza dare colpa a Nessuno,
poiché la vita nasce e le offese non sono Create dal Cielo,
ma sono eventi Naturali che rendono migliori il Cuore
di chi porta la Croce senza accusare nessuno.
La vita é Amore e non distruzione della propria volontà.
tutti sanno che Dio esiste e poi scappano,
tutti sanno che le preghiere sono un tocca sana e non lo fanno.
Non pensate alla preghiera come ad un regalo di pensieri puerili
poiché niente vale se si resta piccoli nel proprio valore,
solo aprendo lo sviluppo logico della nostra vita
si può vedere nascere la grandezza del nostro essere,
donare un sorriso a chi ha solo chiesto aiuto
senza pensare ad una vita migliore,
ma solo sopravvivere per vivere e non piangere di dolore.
Ditemi fratelli chi sono gli Atei,
coloro che pregano o coloro che non pregano?
e poi vedo persone pregare ed essere più Atei degli altri,
perché la preghiera é bontà non miseria
da spargere al proprio essere.
La preghiera é Poesia viva senza offendere le vite
Ditemi cosa sono le offerte del cuore
se lo si chiude per vedere sorridere solo il proprio Cuore?
Non sono un uccello donatore,
ma un Dio Amore che vuole vedere il vostro Cuore
Puro di emozioni.
Prega e apri il tuo Cuore, apri la vita alla vita,
prega e ascolta il mio battito,

resta Umile e se mi Ami non pensare ad un regalo
ma porgi il mio Amore che era nascosto.

AMEN

Pace... "24/10/2012 "

In un angolo di cielo vedo fiorire la pace,
pare sia un piccolo fiore
che nasce ove il sole posa la sua carezza,
una piccola pace nasce
per vedere sorridere anche le stelle....
Brillano di Amore puro
ascoltano il vento che soffia
e poi gioiscono per questo trionfo di pace.
Una bella armonia sboccia
sotto il cielo azzurro,
un suono di violino che si accorda con la natura,
la madre terra che prende vita di dolcezza,
porta solo un risveglio mentale
per coloro che pensavano
che il sole poteva solo scaldare.....
Una pace per toccare con mano
la sua dolcezza infinita,
colorare con i propri colori l'universo
di colori naturali,
un solo principio per scoprire
che anche la natura é ricchezza
e che dona valore immenso
se lo guardi con gli occhi
pieni d'Amore...

Una Stella “27/9/2012 “

Pareva essere una luce,
cadeva lungo il Mio percorso,
era solo un vento....
Adagiava la speranza
e la mia Fantasia
percorreva lungo strade
non finivano mai,
poiché i miei sogni
erano molto lunghi.
Un Cielo pareva ridere
e poi ascoltavo....
Era solo una piuma
che volava,
era una Canzone
che proveniva
da molto lontano....

Nel Mio Mondo "Anno 2011"

Questo giorno pieno di Sole
avanza la Mia ora,
che Giunga a voi la Mia Passione
di vivere la Vita.
Giungerà dove la Luce Splende
dove Amore c'è la Vita Vive,
nel Mio Mondo Tutto è Permesso,
la legge sono io...
Tu vivrai in Eterno,
Tu Amerai il tuo prossimo.
Beati coloro che nasceranno
nella Grazia di Dio Onnipotente,
saranno coloro
che avranno Riconoscenza infinita...
A coloro che non credono
saranno aiutati dai miei Pastolari
che avranno cura
di dare loro la mia Gioia nella Vita Eterna...
Sono infinite le Vie del Signore,
io sono il tuo Dio.
Amore Trionfa in questo Luogo di Pace,
memoria di fronte al Mio Amore,
gratitudine sarà per voi
che Oserete Venire in Mio Nome.
Arriverai dove non sarà possibile arrivare,
per dare Luce al Sole che non Muore .
Lodato sia il Signore,
e coloro che Credono in Lui.
Avanza la fede che c'è in voi,
a Me la Gloria

della Vostra Passione per Me.
Vita splenda su di voi Umani,
in questa Terra di Colori
e affanni Impetuosi.
Forza per Te, vita Al Nuovo Giorno,
salute e Amore cresceranno in Voi,
Fede e Speranza in ogni Luogo
a Me che sono tra voi,
pensate che sono Tra Voi,
pensate ogni volta che io ci sono!

Era una cascata di Diamanti
che percorreva le vie infinite,
era colore vero.
Poi un tocco si vuole nascondere
per percorrere con naturalezza
la via della pace e il suo sorriso.
Vorrei urlare al Mondo
per poter dire che tutto il Cielo é vero
e che il mio cammino
mi porta lontano.
Ma sto nel mio silenzio,
raccolgo un corteo di parole,
li trascrivo come un dolce pensiero
e con la mia sola vita
le porto oltre il mio Cuore,
l'afferro e la pongo dove nessuno
possa solo curiosare,
le tengo come corazza
da porgere come sostanza.
Che sia un colore chiaro
da vedere come vero Amore
e non solo poesia piena di Amore.
Cosi mi avvolgo con il Colore della sua legge
e lo conduco solo ove il Cuore mi detta Verità.
Essere piena di solitudine non è insicurezza
ma momento di valore
da riadattare con Amore,
tra le righe della coscienza Aperta
e il suono dell'Amore.

Madre dolcissima...

21/10/2012 "ore 23.42"

Asciuga le lacrime di chi soffre
a coloro che in silenzio urlano
e portano la croce
senza pensare alla vera gioia
che pone la tua Misericordia.
Al tuo respiro
che accarezza la loro vita,
alla vera poesia
che attraversa le strade
senza fare rumore,
ma solo un piccolo volo
per toccare l'anima sua.....
Portare la pace sopra ad ogni cuore
che vola di dolore
e poi asciuga le pene della vita
che portano peso all'anima
che pare essere offesa.
Una carezza che soffia contro il vento
per portare solo un auspicio
e una speranza di una vita
che sfiori la loro....

Era duro attraversare il confine

Cadevo come un mazzo di fiori
tra le mie credenze
e il mio lungo cammino,
poi si vedeva un angolo di Cielo,
pareva essere tutto pieno di parole,
cosi mi lasciavo trasportare
come se io stessa fossi Cielo.
Nasceva un colore immenso
tra le vie Celesti e la natura Madre
erano stelle,
Brillavano di un immenso colore,
li vedevo danzare
sotto le mie piccole mani.
Ero piccola e grande
morivo e nascevo dentro me stessa,
finché un giorno mi accorsi
che io ero colore,
era dentro di me ed io non lo vedevo...

Era un Stella Cadente
che poneva un Raggio di Sole,
passava verso il mio sguardo
di piccola bambina,
era come un Sole
che scaldava la mia Anima,
e poi mi cullava nel mio piccolo lettino.
Come sia accaduto non lo so;
ma ricordo un lungo Mare
aperto verso l'Oriente
e le parole nascevano
come un frutto Maturo,
sotto le sue e mie Mani.
Posava un colore di parole
e le mie voglie crescevano
per cantare la Pace e l'Amore.
Adesso sono Cresciuta tra le mille ansie
e un solo ricordo,
quelle pause che parevano lontane.
Oggi sono io
che voglio correre verso l'Oceano Indiano,
col mio Mantello apro la mia Mente,
e coloro le strade di Aurora,
fatta di piccole lucciole
poste ove il Sole Nasce.
Ascolto solamente la mia mente,
e col mio Respiro rifiorito
appendo al Cielo un corteo di Lumini,
per Decorare la vera vita
di un fiore Aperto per la Mia Pace.

Chicchi di Grano posti sulla Terra

*Un Orto cresce dal proprio seminato,
non favore o cortesia
ma solo il suo pensiero
posato al Margine del velo.
Brilla la mia Passione
nel vedere un colore sopra la vita,
non é un Tesoro ma solamente la vita
che posa un sorriso
sopra un campo di grano,
pronto a Germogliare
al solo soffio di Pace.
Ove vedo la vita
vedo il Colore nei Pensieri.
Ove vedo l'onestà,
vedo il rafforzo
per continuare a Navigare
sullo stesso mare,
e poi come un velo
vedo persino il nuovo soffio di Pace,
non Abuso di potere
ma solamente un potere di Gentilezza
posato come vera rinascita.
La vita é una pienezza di cortesia,
è lo Stimolo della Crescita
e non importa cosa hai fatto
ma solamente cosa non hai fatto
per vedere una barca affondare nella Sabbia.
Persino un Granello è vita
e perciò fate voi di un fiore un profumo
o solamente un colore da opprimere.*

Un vero obbiettivo
pone una solo poesia di vita
una gloria e una lode, un sussurro
e un aumento della credenza.
Una particella di vita
che apre le braccia
alla natura Madre.....
Un lieve soffio
per aprire la porta del cuore,
pensare che un sogno non sia solo poesia,
avere un sogno sopra la vita
e non cancellare la vita stessa
ma essere piccoli
e grandi scalatori....
Una natura che pone il risveglio
alla nascita della montagna
come se fosse aria
che tocca il respiro,
vietata atmosfera che dona riposo
alla vita del pensiero
e poi nasce uno spicchio di credenza vera....
Una piccola spiga di grano accostata
nel sentiero della libertà,
poiché tutti siamo liberi di volare
o aspettare un volo da lontano.....

Visitate il Mio Luogo

Al Sorgere del Sole un Canto Beato
ove le Betulle si Aprono di Amore Puro,
Nasce dal Nulla un Sentiero
per Decorare le Viole di Pura Saggezza.
Vibra la mia Quiete,
vuole Cantare la Sua Gloriosissima nascita
ove il Sentiero si Apre di Profumo
e tanti semini,
Raccolgo il suo Seminato
e lo conduco in un posto fatto di Amore
ove il senso prevale
e il Cuore é Aperto per la sua Vera Gioia.
Brilla la mia voce sotto il suo Manto,
così mi accosto
come un seme Cresciuto al suo Cenacolo
e con Immensa Gioia spargo il vero Sentimento,
nato come un Cuore Aperto
per la Mia e Sua Gioia.

Amen

Per la vita un solo sguardo,
passare attraverso un colore Nuovo
e porgere un valore pieno di Gioia.
Scintille di luce attraversano la pace,
cascate di lucciole avvolte di Grano...
Col suo colore trasmette tanto bene
e il Canto si apre come chimere
aperte per la Gioia.
Piccola luce avvolta di pietre preziose
per dare vita alla nascita del valore posato.
Come un suono si trascina verso la luce
avvolta di stelle.

Pensiero stupito

Alla legge della natura un solo stupore
un angolo di cielo che vuole sorridere,
un velo trasparente che vuole posare una carezza.
Una scintilla che colora l'universo spazio
porge un fiore coltivato con Amore,
una piccola pellicola che si estende
come se fosse aria colorata.....
Una valvola che si apre per eccellenza,
onore apostolico e firmamento evolutivo,
uno spicchio di fede
che colora l'unione della vita
con il proprio essere macrobiotico.
Pare che una piccola espansione
si valuta per esperienza personale
e non tributo per la falsa vita.
Candele accese lungo un percorso di vita
esibito per propria e voluta volontà,
nulla valle alla legge proibita
se non vedi il cielo come un potenziale valore
e nulla vale se chiudi lo sguardo alla natura Madre.

Pareva un deserto il Cuore
che poneva solo durezza,
poi nasceva un filo di Colore.
Portava rugiada e Aurora
sopra una pelle che perdeva vita,
non era solo Musica
ma anche parole.
Sussurravano piano piano
e poi un Giglio nasceva
al posto del Gelo,
si vedeva la sua Bianca purezza.
Aleggiava come verità,
lasciando un sapore di menta,
era la vita che nasceva
sopra campi di Grano,
era il suo immenso dono
che portava la vera speranza
tra le orchidee e il grande soffio di Pace.
Ora é tutto pieno di leggiadra poesia
e domani sarà come viva trasmissione
per Regalare frutti di bosco
a piccoli visi che erano stati dimenticati.
Piccole perle si aprono al sorgere del Sol,
sono colori e pietanze prelibate
per rendere sereno un cuore che Batteva.

Era vero il Respiro che prendeva il Cuore,
era tutto vero l'orgoglio che Cadeva,
poi un Colore si apriva al posto delle Braccia
e con tanto Amore Nascevo come un Fiore.
Piccoli sono i pensieri
che vogliono opprimere i sentimenti,
piccoli sono le false vedute,
e pensare che basterebbe poco
per diventare grandi,
pensare che ogni violenza
sia causa di rottura del proprio Amore.
In un mondo lontano
la speranza diventa vita,
l'Orgoglio diventa pietra
come se una forza diventasse Realtà
e tutto cresce solamente
col rapporto che abbiamo posato.
Non sono clausole di Vittoria
ma solamente una Causa
per vincere nel proprio sentimento.
Ogni singolo argomento
porta alla giusta posizione,
alla ricerca di qualcosa che già vive in noi,
eppure la si vuole scartare
e poi si cerca solamente
il consenso di ciò che abbiamo già.
La vita si costruisce con la Propria logica,
pensare alla vita come ad una lotta
non porta da nessuna parte,
solo l'apertura del proprio valore
reagisce per la Giusta Causa,
cosi senza sapere come

ti trovi fronte al bivio.
Non si può tornare indietro se ferisci
con le forze negative,
non si può calcolare la temperatura
se doni solo freddezza.
Tutto si apre se vedi il tuo orgoglio
come una piccola lucciola da fare volare,
essere vittoriosi vuole dire anche
lasciare cadere una lacrima
e dire "Ho Sbagliato!"
Vuole solamente asportare
quelle piccola dose di falsa Umanità...
Anche gli Angeli sanno volare
ma non fanno Male,
restano nella loro purezza
e colorano i veri sentimenti
di Leggiadra Poesia,
fatta di vita e Amore.

Piccoli cespugli…

Piccole Perle si aprono,
sono commensali aperti
per vedere brillare l'Anima.
Sono Pupille aperte
verso un Locro Benedetto,
poi diventano sorgente di Vita
per Trasmettere un Canto Beato.
Sono Nuvole e Colori,
si Muovono come piccoli cespugli
per crescere nel Cuore che si Apre
al valore posato.
Sono clementine senza seme
per assaporare la sua Dolcezza,
come il Sole Brilla la Coscienza
per restare pura
e trionfare come una vera Lode,
sia la quietanza a portare il risveglio.
Decidere da sola
se un canto può essere vero
oppure solo Sogno,
Ciò che conta é credere al proprio io,
restare da soli
per vedere un fiore di loto crescere
ove un dolore pressava falso valore.
Ora sto bene
piccolo pettirosso canta al mio davanzale,
lascia un saluto e vola...
Come se fosse Poesia e parabola.

Una colomba nel cielo aperto.....

"25/10/2012"

Una colomba sospesa tra sogno é la reale vita....
Si apre un suono celestiale
per porgere solo Amore universale,
in questa vita piena di colori vivi
che regalano sogni senza soldi,
ma solo poesia viva
per porgere una carezza senza riscatto.
Una lode e un saluto al sole che nasce
per vedere un cuore
aprire le ali verso il vero valore,
nutre solo se si é coscienti
che a volte anche i sogni
fanno parte di questa vita.
Pare essere un sogno proibito...
Ma prende vita solo se apri il cuore!
Una regola tramonta sotto questo Cielo,
pare sia il risveglio della mente che dormiva,
una poesia fatta di vita e musica naturale,
un violino aperto sotto sguardi increduli
che dona stupore e poesia da leggere....

Ascolta il Cuore
e pensa con l'Anima Aperta,
poi stabilisci un contatto col tuo io,
perché tutto si trascina come un suono
se porti il Cuore al Posto giusto,
sopra la tua stessa Vita.
Dentro di noi c'è il Mare
e non lo vediamo,
ci sono giorni cupi e allegri,
Ma se poi pensi al Colore della tua Anima,
un giorno troverai la tua vera Pace.
Un Colore unico che possa dettare
solamente la Semplicità
della vita che scorre come acqua Pura.
Non essere duro con te stesso
ma vivi come un fiore,
annaffia la tua Radice
e poi cresci col tuo stesso Amore.
Nulla e nessuno può cantare il falso
se tu non lo fai entrare,
decidi tu se essere te stesso
o vivere contro il tuo Valore.
Oggi ho solamente portato
in Vita un soggetto passivo,
che sia un pensiero
per svegliare l'Intimo che dormiva.
Ciao alla luce e al Sole,
a questa vita fatta di fiori,
Piccoli sono i pensieri
se si lasciano Cullare del Falso Valore.
Ciao

Nasce il Sole

"3/10/2012"

Un solo Augurio per Questo Giorno,
una sola pace che Avvolga i Sentimenti,
una Speranza di Vita che non Perda Mai Valore.
Una sola Posizione per credere che il Sole
possa Accarezzare Tutti Poiché la vita é luce
e la nostra fede abbia una giusta Posizione.
Non un Chiedere e poi scappare,
ma restare uniti per porgere Sempre Amore,
una sola pace per trasmettere orgoglio personale,
non una sola parola fatta Volare
ma devozione per veder Nascere il Sole
Ove la vita Apre le Braccia al Cielo.
Una sola Poesia per Abbracciare Maria
e la sua Gloria Infinita.....
Madre sei la vita sulla Vita, una canzone,
per aprire una Musica di Colore Vivo....
Una Canzone per Abbracciare il Cielo E le Stelle,
una Canzone per fare una Carezza
al tuo Corpo Trasparente,
una Carezza per toccare la tua Mano
e sentire l'aria che tocca la mia......

Ricordati di me...

Quando in un tempo lontano
sarai cosciente delle mie Parole,
Ricordati che io c'ero sempre,
che ogni giorno ho lottato
per sentire viva la trasparenza.
Ricordati che io ero Donna e Colore,
che nulla era detto per caso
ma solamente perché vivevo
nel mio Grande Mondo!
Alla vita un Cuore Nuovo,
non una lettura per vedere un Cuore,
ma solamente una vita Aperta
per aprire la vera Gioia.
Ricordati che la vita siamo noi
e che nessuno può aprire il tuo Cuore
se non apri lo sguardo oltre le tue Ricerche.
In Verità tutto pare un ridicolo argomento,
ma un giorno se ti sentirai perso
Ricordati di me che ci sono adesso
e anche quando il mio corpo sarà Cenere.
La mia Anima vive adesso e per l'eterna vita,
io sono vita e sarò sempre viva
nei tuoi ricordi e nei tuoi pensieri.
Era solo un modo di espressione
cercare di capire e presentare la mia vita,
ora é solamente la mia vita
che vuole esprimersi con la Cultura Aperta
per la Mia Gioia e la tua Vita.
Ricordami come ad un giullare, come ad un fiore,

come ad una vela che volava con la sua Mente,
ma per favore
apri solamente la tua vista al grande valore,
Cresci come un piccolo seme
e poi abbraccia la mia pace.

Amen

Se fossi una Poetessa....

Tutto questo pensiero
per esprimere un grande volere
posare le mie memorie
come un vento d'Oriente...
Calcolare la temperatura del pensiero
con quello della Mente,
perché oltre il sapore della Menta
possa nascere un colore Nuovo,
quello dello stimolo della coscienza
e sviluppare la Coscienza in modo da stabilire
che il Cuore é più grande del Pensiero.
Un solo modo per provare ad esprimere
il mio Pensiero come forma di nascita
tra il senso della mia crescita
e tanto colore da prendere col mio Retino.
Piccolo Retino avvolto come cespuglio
dentro una piccola mente,
piccolo volume biometrico
per esprimere la sua grandezza
e a passi lenti crescere per diventare
come una particella che si espande
verso l'Universo spazio...
Comporre un unica Melodia
per vedere musica di ascolto
sotto la mia pagina piena di fogliame.
Per questo ho voluto scrivere una Memoria
che sia di lunga durata
per rileggere le mie stesse Parole

di un Cuore Nuovo,
Aperto verso la Sorgente dell'Amore.
Vita e Colore sono come un unico valore
tra le foglie verdi
e la speranza che vive nel tempo...

Finito di stampare
Nel mese di gennaio 2014

Lulu Press
3101 Hillsborough St.
Raleigh, NC 27607 | U.S.A.

www.ingramcontent.com/pod-product-compliance
Ingram Content Group UK Ltd.
Pitfield, Milton Keynes, MK11 3LW, UK
UKHW020234250726
13967UKWH00001B/357